U0461513

民国ABC丛书

论理学
ABC

朱兆萃　著

知识产权出版社

全国百佳图书出版单位

图书在版编目（CIP）数据

论理学ABC / 朱兆萃著. — 北京：知识产权出版社，2017.1

（民国ABC丛书 / 徐蔚南等主编）

ISBN 978-7-5130-4667-1

Ⅰ. ①论… Ⅱ. ①朱… Ⅲ. ①逻辑学—研究 Ⅳ. ①B81

中国版本图书馆CIP数据核字（2017）第018421号

责任编辑：文　茜　　　　　　责任校对：王　岩

封面设计：sun工作室　　　　　责任出版：刘译文

论理学ABC

朱兆萃　著

出版发行：知识产权出版社有限责任公司		网　　址：http://www.ipph.cn	
社　　址：北京市海淀区西外太平庄55号		邮　　编：100081	
责编电话：010-82000860 转 8342		责编邮箱：wenqian@cnipr.com	
发行电话：010-82000860 转 8101/8102		发行传真：010-82000893/82005070	
印　　刷：北京科信印刷有限公司		经　　销：各大网上书店、新华书店及相关专业书店	
开　　本：880mm×1230mm　1/32		印　　张：5.75	
版　　次：2017年1月第1版		印　　次：2017年1月第1次印刷	
字　　数：68千字		定　　价：26.00元	

ISBN 978-7-5130-4667-1

再版前言

民国时期是我国近现代史上非常独特的一个历史阶段，这段时期的一个重要特点是：一方面，旧的各种事物在逐渐崩塌，而新的各种事物正在悄然生长；另一方面，旧的各种事物还有其顽固的生命力，而新的各种事物在不断适应中国的土壤中艰难生长。简单地说，新旧杂陈，中西冲撞，名家云集，新秀辈出，这是当时的中国社会在思想、文化和学术等各方面的一个最为显著的特点。为了向今天的人们展示一个更为真实的民国，为了将民国文化的精髓更全面地保存下来，本社此次选择了世界书局于1928~1933年间出版发行的ABC丛书进行整理再版，以飨读者。

世界书局的这套 ABC 丛书由徐蔚南主编，当时所宣扬的丛书宗旨主要是两个方面：第一，"要把各种学术通俗起来，普遍起来，使人人都有获得各种学术的机会，使人人都能找到各种学术的门径"；第二，"要使中学生、大学生得到一部有系统的优良的教科书或参考书"。因此，ABC 丛书在当时选择了文学、中国文学、西洋文学、童话神话、艺术、哲学、心理学、政治学、法律学、社会学、经济学、工商、教育、历史、地理、数学、科学、工程、路政、市政、演说、卫生、体育、军事等 24 个门类的基础入门书籍，每个作者都是当时各个领域的知名学者，如茅盾、丰子恺、吴静山、谢六逸、张若谷等，每种图书均用短小精悍的篇幅，以深入浅出的语言，向当时中国的普通民众介绍和宣传各个学科的知识要义。这套丛书不仅对当时的普通读者具有积极的启蒙意义，其中的许多知识性内容和基本观点，即使现在也没有过时，仍具有重要的参考价值，因此也非常适合今天的大众读者阅读和参考。

本社此次对这套丛书的整理再版，将原来繁体竖排转化为简体横排形式，基本保持了原书语言文字的民国风貌，仅对部分标点、格式进行规范和调整，对原书存在的语言文字或知识性错误，以及一些观点变化等，以"编者注"的形式加以标注，以便于今天的读者阅读。希望各位读者在阅读本丛书之后，一方面能够对民国时期的思想文化有一个更加系统、深刻的了解，另一方面也能够为自己的书橱增添一份用于了解各个学科知识要义的不可或缺的日常读物。

知识产权出版社

2016 年 11 月

ABC 丛书发刊旨趣

徐蔚南

西文 ABC 一语的解释，就是各种学术的阶梯和纲领。西洋一种学术都有一种 ABC，例如相对论便有英国当代大哲学家罗素出来编辑一本《相对论 ABC》，进化论便有《进化论 ABC》，心理学便有《心理学 ABC》。我们现在发刊这部 ABC 丛书有两种目的：

第一，正如西洋 ABC 书籍一样，就是我们要把各种学术通俗起来，普遍起来，使人人都有获得各种学术的机会，使人人都能找到各种学术的门径。我们要把各种学术从智识阶级的掌握中解放出来，散遍给全体民众。

1

ABC 丛书是通俗的大学教育,是新智识的泉源。

第二,我们要使中学生、大学生得到一部有系统的优良的教科书或参考书。我们知道近年来青年们对于一切学术都想去下一番工夫,可是没有适宜的书籍来启发他们的兴趣,以致他们求智的勇气都消失了。这部 ABC 丛书,每册都写得非常浅显而且有味,青年们看时,绝不会感到一点疲倦,所以不特可以启发他们的智识欲,并且可以使他们于极经济的时间内收到很大的效果。ABC 丛书是讲堂里实用的教本,是学生必办的参考书。

我们为要达到上述的两重目的,特约海内当代闻名的科学家、文学家、艺术家以及力学的专门研究者来编这部丛书。

现在这部 ABC 丛书一本一本的出版了,我们就把发刊这部丛书的旨趣写出来,海内明达之士幸进而教之!

一九二八,六,二九

例　言

本书是依照 ABC 丛书发刊旨趣而编的，专供青年参考或教科之用。

本书为补形式论理学的缺陷，常用心理学的智识来比较，以明论理学的本质。

本书对于论理学上的主张，不偏不倚，力持中正，并将试验论理，夹入论理学的系统中，冶为一炉。

本书以规范科学底特质的基本原理为中心，系统地叙述，前后照应，俾读者易于获得一贯的智识。

本书虽力求浅显，然限于字数，不

能详为引证，引以为憾，尚望明达指正
为幸！

一九二八年八月编者识

目　录

1

目 录 ‖

第三编　方法论

第一编

绪　论

01

Chapter
第一章

引 言

第一章 引 言 ‖

我未学论理学时，有一位学界中的前辈，对我讲一个故事。他说："从前某海中，有一尾鳄鱼，捕了一个小儿，这小儿底母亲，悲哀异常，向鳄鱼求还她底儿子。鳄鱼说：'你若能够守着不打诳语的誓约，照我所要你说的样子说一句话，那末，我就还你底儿子。'小儿底母亲，就立刻答应鳄鱼底要求。鳄鱼说：'那末，你照我说：你不要还小儿。'小儿底母亲，没有法子，只得照样说了一遍。鳄鱼说：'那末，你底话若不诳，我可不还你底儿子；若是诳的，就是违背前约，我也可不还你底儿子。'小儿底母亲说：'不是的。我若不说谎，谨守前誓，你原是不得不还我的；如

5

若是谎言，那末所言不足信的，你亦应当还我的。'"我听了这段故事，觉得理论新异而有趣，不晓得那一方面理由充足，而且是好像都是有理由的，要求这位前辈，对我说个明白。他说这是论理学上的问题，这种推测是错的，但是一时对你说了，你也不知其所以错的道理，最好你去买一本《论理学》看一看，那就明明白白知道这个错误的根源了。我因求真心切，立刻就去买了一本《论理学纲要》，从头至末，一气读完，固然探得这种诡辩的错误处，并且晓得了其他常人所不能了解的许多的真理，心境非常愉快，从此我对于论理的求真的学问有特别的兴味！吾的前辈曾经这样地启发我，我也这样地转赠于没有读过论理学的诸君！如要问什么是论理学？那末作者非稍振精神，细细地系统的叙述不可；而读者亦非耐心静气，细细地顺次的吟味不行的。

Chapter
第二章

02

论理学底意义

把一类的事物或现象，概括于一定原理之下，从其中树立普遍的法则，而组织一个体系者，叫做科学（Science）。

科学上所用的法则有二种：一种是自然法（Natural Law）；一种是当为法（Normative Law）。自然法又名必然法，确定"必然的"（To be），是从事物或现象中所发见的法则；但是当为法未必根据于事物和现象的存在的，系断定"当然的"（Ought to be），就是一定的理想底应当遵从的法则，又叫做规范（Norm）。

研究自然法的科学，叫做说明科学；研究

当为法的科学，叫做规范科学。物理学、化学、心理学，是属于前者的；伦理学、美学、论理学，是属于后者的。

除上面所讲外，还有其他底主要的科学的分类，分述如下：

（1）如论理学、数学的样子，不管他内容如何，只论其适用于一切场所底普遍的形式，叫做形式科学；如物理学、化学的样子，侧重内容的，叫做实质科学。

（2）把自然现象做对象者，叫做自然科学；把精神现象做对象者，叫做精神科学。

（3）纯粹地把法则理论地研究者，叫做纯粹科学；研究实际生活上的应用为主者，叫做应用科学。

（4）近时对于自然科学，又发见一种

文化科学。一是研究事物或现象的一般法则为主的；一是截取特殊的事件以明其个性为主的。

遇有一定的问题而欲求解决底心的活动，叫做思考作用（Thinking）。思考即是"对于事物而思考"的意思。这事物为思考的对象；思考的主体，叫做主观。论理学（Logic）是把思考作用做对象，研究其形式和当为法的，所以有下述的定义。

论理学是把思考作用做对象，研究其形式的法则底规范科学。

心理学是研究心的现象底全部的，所以这个一部分的思考作用，亦是收入的。但是心理学，只说明心的现象底状态，求之于自然法的。论理学只以思考做对象，运用当为法及一定的形式（Form）为主的。形式虽不是离内容及资料（Matter）而存在的，往往亦有论及的地方，但是这不过是使形式愈加明了罢了。

论理学是研究"证明是不是正确的漂准 ❶，是不是真理的方法"底学问，所以一切科学底研究方法，都要根据于论理学底研究的结果。如这论理的法则一败，那末思考的产物，都要陷于伪的地位。因此，论理学，为一切科学底出发点，并且给予研究法底基础的。

---

❶ 应为"标准"。——编者注

思考底原理

第三章　思考底原理 ‖

通于一切思考作用底单纯自明的根本法则，叫做思考的原理，又叫做论理的公理（Logical Axiom）。这种原则，不得从它原则来证明的，亦无证明的必要，为一切思考作用的法则底基础。如缺其一,那末思考作用,决不能成立，为一种基本的原理。

论理的公理，可析为二：一为同异原理；一为充足原理。

（1）同异原理（The Law of Identity and Difference）就是关于事物及现象的同一或差异的原理，这个形式，又可别为三种：

（A）同一律（The Law of Identity）。这是为考求事物底属性彼此相同的一原则，可以用（甲者甲也）的公式表示的。凡吾人一切肯定的思考，皆基础于此的。

这（甲者甲也）的公式，以实例讲起来，可以用（南京者国民政府之首都也）和（铁者金属也）二例来表示，但是前一例（南京）和（国民政府之首都），是全体一致的，可叫做绝对的同一。这个关系如下甲图。后一例（铁）不过是（金属）的一部，只有部分的一致，可叫做相对的同一，这个关系如下乙图。

（B）矛盾律（The Law of Contradication）。

这是同一律底消极的方面，可以用（甲者不是非甲也）的公式表示的。凡一切否定的思考，都是基础于此的。

在第一原理，已定（甲者甲也）的一形式，同时反面含有（甲者不是非甲也）底形式的。因为我们在同一关系上，已经承认的某事物，同时不能否认的。例如（铁者金属也），同时不能说（铁者不是金属也）。所以说矛盾律是同一律消极的方面。

（C）排中律（Law of Excluded Middle）。这个原则，是二个矛盾思想的中间不容有第三者存在，如把这在肯定方面的形式表示起来，如（甲者乙乎或非乙乎）即是两者中选择一个，其它是排斥的，这叫做选言律。如把这在否定方面的形式表示起来，为（A者不是"非乙及不是非乙"之第三者），这叫做不容间位律。合上述的选言律和不容间位律，就叫做排中律，排中律为一切选言判断的基础。

（2）充足原理（Principle of Sufficient Reason）。就是我们的思考，必须依据十分充足理由的意义。因为理由充足，根据（Ground）和归结（Consquent）的关系，能够稳固不移；正确知识的系统，亦得整然组织。这理由的主张："根据（理由）确立，那末归结亦确立；归结破斥，那末根据亦破斥"，为假言判断的基础；同时其他一切认识必然性，都是从这原理导出来的。

以上四原则，有互相密接的关系，想到一原则，即能想到它原则。例如从充足原理起，可以断定是为有十分理由的 A；这 A 是许多原理中选择出来的（排中律）；同时为排斥一切非 A 的 A（同一律）。

思考历程

第四章　思考历程 ||

思考二字，普通的见解，漠然广泛。但是在论理学上说起来，有明了的意义，有严密的限定的。论理学上的思考，含有二种要素：一是疑难；一是精考微测。例如某人访友谈论，等到谈毕，看自鸣钟已经三点半了。这时忽然想到四点钟还有约会，立刻走出，并且想到来的时候乘人力车要费五十分钟，现在只剩了三十分钟，要想出一种快的方法来回去，才能够不失这约，正在烦乱中，才想到坐电车，不过距电车站很远，并且到了站，恐怕还要费等车的时候，这样的思虑时，忽然街左有马车迂迂而来，这人就立刻登车，到家时刚刚自鸣钟四下。这个浅显的例子里，我们就可看得出上述的二种要素。他想及时回家，是他疑难的时候，他想坐人力车、电车而不坐，终于决定坐马车，是他精考微测的地方。我们再从这二要素仔细分析起来，可划为五个阶段，一疑难，二疑难何属，三设臆，四推证，五证实。这五个阶段，为一切思考的历程。

观上述思考的历程，这人决定坐马车，完全从比较坐人力车趁电车为快推考来的，可知思考的作用，实在是广义的推理；不过在这个究竟方面讲，可以说是解疑难，即是或确定或破除一信念。换一句话说，就是对于事物下判断。判断的用处，在于确定某事物的意义，其所得确定的意义，叫做概念。所以断判、概念、推理三项，不能完全孤立，为一切思想发表时底根本的形式，所以可称为思考的本质。

什么叫做判断（Judgment）？就是把意

识的内容，如从感觉知觉记忆想像等所得到的表象，经过比较分析综合诸作用，加以判决的命名。例如我们觉庭中花香，才判断说花香，这是把在庭中所得的知觉，加以分析，判断花的一物，和香的为一属性，同时兼定花的属性中实有香，而这香实即这花的所有属性。才把它综合起来，并和它种香相比，才下这花香的一判断，所以判断是分别事物底诸属性的。

什么是叫概念（Concept）？就是我们于分合事物底诸属性后，把若干判断，分别它的属性的共通和不共通的抽象地专含为一类的命名。例如院中有许多梅花，一种是红而香的，一种是白而香的，一种是黄而香的。按它的颜色虽各不同，却同具梅瓣，同具梅香，我们可就它的全体认为有共同属性。那末把它们概括起来，即构成我们一种梅花的概念。

这概念构成后，更为我们意识的内容，而作种种判断的材料，生"这树为梅""梅花香"的几个判断。所以概念本从判断发生，却又可为其它底判断的资料，概念和判断，常互为起讫的。

什么叫做推理（Reasoning）？就是我们根据已知的一判断，或几个判断，推出它种新判断的意义。例如（凡马不是牛）的一判断，推到（凡牛不是马）这是一个推理。又或从（凡马不是牛）（此动物者马也）的二判断，推到（故此动物不是牛）也是一个推理。所以推理实在是连续判断于判断，加以复杂的形态。

从上面看来，判断、概念、推理，都是同一作用的变形，却是根本底形式，不外乎一个判断作用可知。所以我们论究思考，必先从论究判断起。不过，在论理学上，为说明便利起见，先说明概念，然后及于判断推理。

第二编

原理论

Chapter
第一章

01

概　念

第一节　概念底意义

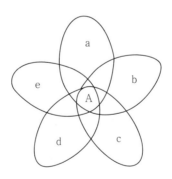

概念构成底假想图

概念是从几个判断，统一事物底共通属性而成的，或者叫做概括的表象。现在把这概念用图表示起来，我们的现实经验，可算是含有 aAbAcAdAeA 等项底特殊的东西。用言语表示起来，这 aAbAcAdAeA 等，可以用我的家，你的家，他的家……等表示的。但是这个特殊的经验，内部比较地想起来，自己内容上有必不可缺底共通的性质，这个共通性质，叫做本质的属性（Essential Qualities）。譬如对家而言，是"住人的地方"，为其本质的属性，从此类推，把这个现实经验底各项的共通的"A"抽象出来，可以当做家底本质的属性而着想。因此在这个地方，偶然附着于各个物的性质，就叫做偶有性（Accidental Qualities），上面 abcde 等就是，有舍弃而不论的。这样把本质的属性为中心所组织成功的全体表象，叫做论理的概念。这个组织的手续是：（1）比较个个的经验；（2）抽出个个经验底共通的要素；（3）概括这种共通的要素；（4）概括后附上言语的符号。

第一章 概 念 ‖

所以概念，不是随实际的事物而存在的，就是存在于意识上的意思。那末，意识的存在，即是言语的符号。就是言语有具体的感觉的形式的，思考为其对象。

概念用言语表示起来，叫做名辞（Term）。如"人""椅""苹果"等，都是名辞。又如"美人""学生坐的椅子""美国来的美味的苹果"等，虽加上了许多修饰词，也仍旧叫做名辞。因为论理学上的名辞，和文法学上的名辞不同，论理学上的名辞，不管它文字的长短，只要表单一概念者，都叫做名辞。

第二节　概念底内包外延和
上位下位的关系

概念（名辞）底本质属性的总和，叫做

内包（Intension or Denotation），概念（名辞）所指示底事物的全范围，便叫做外延（Extension or Connotation），如"人"的概念，含有"存在""感觉""理性"等必然的属性，这数种属性，都是人底内包。又如"物"的概念，它所指示的全范围为"动物""植物""矿物"等，这"动物""植物""矿物"即"物"底外延。

概念愈上位，它的内包愈小；概念愈下位，它的内函愈大。又概念愈上位，它的外延愈大；概念愈下位，它的外延愈小。如下图（甲），概念愈上位，属性的统同少而特异多，故内包小；概念愈下位，属性的统同多而特异少，故内包大。又如下图（乙），概念愈上位，所统辖底下位概念愈多，故外延大；概念愈下位，所统辖底下位概念愈少，故外延小。

第一章 概 念 ||

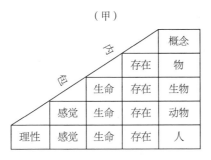

（甲）

内包				概念
			存在	物
		生命	存在	生物
	感觉	生命	存在	动物
理性	感觉	生命	存在	人

（乙）

			概念
矿物	植物	动 物	物
	植物	动 物	生物
		动 物	动物
		动物的一部	人

外延

　　从上面看来，可知概念的内包和外延，二者互为消长，内包愈小，那末外延愈大；外延愈小，那末内包愈大。如下图（甲）表示外延，"物"为最大，"人"为最小；（乙）表示内包，"物"为最小，"人"为最大；（丙）表示内延和外包的关系，内包和外延的大小，互成反比例：

（甲）　　　　（乙）　　　　　（丙）

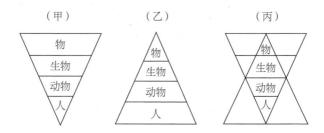

一般内包的小者，对于大者，这叫做类概念（Genus），或者叫做上位概念（Superordination）；大者对于小者，这叫做种概念（Specie），或者叫做下位概念（Subordination）。又在同一底类概念之下底，而且是互相补充底同等底种概念，这叫做同位概念（Coordination）。类概念的内包，从一切种概念底共同属性而成；种概念的内包，从类概念的内包中，添加该种概念底特有的属性而成。这特有的属性，叫做种差（Differential）。所以类概念和种概念底内包关系，可以用下列公式来表示的：

种概念底内包＝类概念的内包＋种差

类概念底内包＝种概念的内包－种差

第三节　概念底真伪

像前节所讲，内包是概念底本质的属性，所以从各个人的经验而不同。因为那一个是概念底本质的属性，那一个是偶有性，须要经过经验而后定。譬如小孩所有"犬"的概念底内包，和动物学者所有的"犬"的概念底内包，大不相同。又概念底内包，在使用的目的上，亦是相异的。例如竞马家所有的"马"的概念底内包，只有包括适用于竞马的目的的；农夫所有的"马"的概念底内包，是包括耕作、搬运等性质为主了。因此概念底内包，不是固定的，或者发达，或者变化，竟会失去了概念最初目的底普遍性。照这样说来，我们要判断概念底真伪，实在很不容易。所以又在别一方面讲，要概念和表象不同；要概念为普遍的一般的，只要要求客观的妥当好了。那末，概念要有什么的性质时，才有客观的妥当性？才能为判断真伪的标准呢？

第一，概念要有一致的（Congrent）性质。

相一致的意义，就是无论内包，无论外延，要互相一致保持调和，其中无矛盾、反对的地方。例如苹果概念底内包，就是苹果酸、苹果糖的甘味等底性质，和这概念是相一致的；但是把咸味、辛味等的性质加起来，就不能相合了。在外延方面，亦是这样的。和苹果不调和者，加了进去，是不能相一致的。

第二，概念要妥当（Adequate）、明晰（Distinct）。

第一章 概 念 ‖

妥当是内包外延的中间，不但不包含矛盾、反对。并且可以包含的，应当一点不漏地包含起来；不应当包含的，一点不要包含。这种一概念和他概念能明明白白地区别出来底妥当的概念，叫做明晰的概念。要明晰概念，可从定义着手。

第三，概念要精确（Aceurate）、明了（Clear）。

精确底意思是构成一概念诸要素，要明明白白的。例如苹果和梨子的不相混同，的确是明晰的；但是这是从深深地知道苹果底内容的苹果酸后，才得到这明了的概念的。要明了概念，当从分析着手。

第四节 概念相互的关系

思考作用上，常常把一概念和他概念相

关系地应用。这个关系，可分下列的七种：

（1）同一关系（Identical Relation），如
"人"和"人"的关系，概念底内包和外延，
完全同一的。

（2）等价关系（Equipollent Relation），
如"南京""国民政府之首都"，外延虽然是
同一，因为考察点不同，内包是相异的意思，
这叫做等价关系。

（3）从属关系（Subordinate Relation），
如类概念和种概念的样子，或如上位概念和
下位概念的关系。

（4）对峙（并存）关系（Coordinative
Relation），是同位概念相互关系。这更可分
为下列数种：

①选言关系（Disjunctive Relation），属

第一章　概　念 ‖

于同一类概念的而且是相互分离的，这叫做选言关系。这各概念叫做选言肢（Disjunctive Members or Alternatives）。

如"上行船与下行船""甲与非甲"的关系，为这关系的例子。

②相对关系（Correlative R），是一概念必然的要要求他概念的，若缺了一个，其他的亦失了意义的意思。"父—子""夫—妻"等，为这个列子 ❶。

③反对关系（Opposite R），是虽然相互有最大的差异，容有第三者插入的关系。如"白—黑""美—丑""善—恶"。

④交叉关系（Cross R），二个概念，外延底一部共同含有的关系，如"人—老人""教师—学者"。

---

❶　应为"例子"。——编者注

（5）依存关系（Dependent Relation）。二个概念，一个概念具备规定他一个概念的必要条件时，这一个概念叫做制约概念，他一个叫做被制约概念，制约和被制约的关系，是从着眼而转换的，所以这两者的关系，叫做依存关系，"犯罪—课罚""自我—非我""我—你"是这关系底例子。

（6）矛盾关系（Contradictory Relation）。"生—死""善—不善"等的样子，虽属于同一概念，却互相拒斥，不容第三者存在，这叫做矛盾关系。这和反对关系和差的地方，是在二概念间，不容许有中间概念之点。

（7）乖离关系（Disparate Relation）。并不是一类的，并且不能比较的概念，如"德—青色""人间—三角"。这叫做乖离关系。

02

Chapter

第二章

判　断

第二章 判 断 ‖

第一节 判断底意义

一概念和它概念成立在规定底关系上，叫做判断（Judgment）。例如见某种果子（对象），知道这是苹果（主观），这就是一种判断。审察这个过程，可知从对象所得的全体表象。加以分析，把判断对象的概念为中心，及联合于这概念底许多概念中，抽出这个足以规定这概念的本质的东西，再综合全体表象，这就是判断的作用。所以判断，可以说是开展概念，加以分析综合，再形成概念底活动。

我们见"正在行走之犬"时，心中先起

来的，是"正在行走之犬"底全体。以后才
把这"犬"取出，为判断对象，其次再从"行
走"底事实中，把"行走"的判断主观取出，
两相结合，才成"犬是行走之物"的判断。
这样说来，判断底内容，最初发见的是漠然
不明的全体表象。后来把这加以分析，使某
表象为对象的客观化，再以这为中心，综合
心底内容，思考作用，继续不断，才取一种
明了的判断形式。结果，心底要素间，成立
一种新的关系。

其他又有"美已哉！""忍已哉！"等一
种判断，没有具备论理的形式，所以严密地
讲起来，形式论理学上不能算为判断，只算
得心理学上的判断。

论理学上的判断，如（凡马者，动物也），
要有三种要素才能成立：（1）素示立言之主即
是判断底对象（主概念）——马。（2）规定

44

对象为一定的立言底概念（宾概念）——动物。（3）结合这两者以定关系的媒介——（者，也）。第（1）叫做主辞（Subject）；第（2）叫做宾辞（Perdicate）；第（3）叫做连辞（Copula）；一般的形式，大都以"S 者 P 也（不是 P）""S is（is not）P"表示的。判断以言语来表示，叫做命题（Proposition）。所以完全的论理学上底命题的形式，必定要具备主辞、宾辞和连辞的三要素的。

第二节　判断底种类

判断从量、质、关系和式样等，得分列如下：

（1）量（Quantity）。系从主概念外延的大小，得分判断为下列三种：

①全称判断（或全称命题，Universal

judgment）。这是从主辞外延的全体，肯定之式否定之的判断。这个形式为"凡 S 者 P 也""凡 S 不是 P"。例如：

凡马者动物也。　　凡人不是木。

②特称判断（或特称命题，Partieular judgment）。从主辞外延底一部分，肯定之或否定之的判断。这个形式为"某 S 者 P 也""某 S 不是 P"。例如：

某物为贵金属。　　某人不是君子。

③单称判断（Singular Judgment）。以特殊单独的概念为主辞而成的判断。这个形式为"S 者 P 也""S 不是 P"。例如：

孔子者圣人也。　　此人不是善类。

（2）质（Quality）。主辞和宾辞的关系，

第二章　判　断 ‖

是用何种性质而成立的。就是还是一致的?
还是拒否的? 用这种形式而下判断,得分为
下列的三种。

①肯定判断 (Affrmative Judg)。即表
示主辞和宾辞底关系,是一致的。这个形式
为 "S者P也"。例如:

马者动物也。　水者液体也。

②否定判断 (Negative Judg)。即表示
主辞和宾辞底关系是不成立的。这个形式为
(S不是P)。例如:

马不是植物。　人不是木。

③不定判断 (Infinite Judg)。主宾辞底
关系,制约地成立的,但不明示一定的关系。
这个形式为 "S者非P也"。这非P的意思,
不甚明了,还是不是P? 还是是 "非P"? 无

从断定。例如：

鲸者非鱼类也。

（3）关系（Relation）。从主辞和宾辞表示什么的关系，而有下列二种的判断。

①定言判断（Categorical Judg）。是并无何等条件成立主宾两辞底关系的判断，取一种"S者P也"的形式。例如

鲸者哺乳类也。

②制约判断（Conditional Judg）。是立言上有条件底判断。又可分为二类：

（A）假言判断（Aypothetical Judg）。把某种条件成立主宾辞底关系，如"若S_1为P_1，则S为P"即是这个判断底形式。这个"S_1为P_1"为成立"S为P"底条件，前者叫做前件（Antecendent）；后者叫做后件

（Consequcnce）。例如：

一个三角形底二角，如若相等，那末对这相等的二角底边，亦是相等的。

（B）选言判断（Disjunctive Judg）。在主宾两辞底关系上，宾辞是从许多的概念而成的，这许多概念，都是未决定的，常常用"S者为P乎，为P_2乎，为P_3乎"底形式以表之。这种许多宾辞叫做选言肢。例如：

某动物，为哺乳类，为非哺乳类乎？

（4）式样（Madality）。这是判断用正确度来区别的，可分为下列三种：

①实然判断（Assertorical Judg）。主宾两辞底关系，表示现实地存在着的，取一种"S（实际）P也"底形式。例如：

凡物体有延长性。

②盖然判断（Problematical Judg）。主宾两辞底关系，表示带疑问的性质的，不确定的。取一种"S大概是P"底形式。例如：

火星中大概有生物。

③必然判断（Apodictical Judg）。主宾两辞底关系，断定其可以必然如此的。取一种"S必定是P"底形式。例如：

凡人皆不能免于死。

第三节　定言判断和质及量底关系

定言判断，在质及量上讲起来，约分为下列四种，把它底论理的形式，可以表示如下：

（1）全称肯定判断……凡S者P也……（A）

（2）全称否定判断……凡S不是P……（E）

（3）特称肯定判断……某S者P也……（I）

（4）特称否定判断……某S不是P……（O）

记号的 AEIO，从拉丁语中底 Affrma（肯定）、Nego（否定）二字底元音中取来的。

判断底立意，把主辞或宾辞底外延全部表示的时候，那末这判断中底主辞或宾辞，叫做周延（Distribute）；如仅仅表示一部分，这判断中底主辞或宾辞，叫做不周延（Undistribute）。换一句话说，凡一判断中底主宾辞，如包举全体而无少遗漏时，这主辞或宾辞叫做周延；周延是周涉其外延全体的意思。反一面讲，所举事物底范围，只能表示一部分，这叫做不周延。例如：

凡马者动物也。

主辞包举一切底马，无少遗漏，故周延。又如：

某植物开花。

主辞只及植物中底小部分，故不周延。总之，全称判断主辞必周延；特称判断主辞必不周延。

再从宾辞讲，如前面底第一判断，马者包容于动物中，却不能占动物全体范围，所以动物一宾辞，只现其外延底一部分，非举全体可比，所以不周延。不过，如"凡人不是植物"底一判断中，人在植物全体底外面，人自为人，而植物也自为植物。所以这植物的一宾辞，实在是包括全部的，为周延的。总之，肯定判断底宾词不周延；否定判断底宾辞周延。

从上面讲来，可学四种判断底定式如下：

判断底种类	主辞	宾辞
A	周延	不周延
E	周延	周延
I	不周延	不周延
O	不周延	周延

以上各种判断，主宾辞外延上底关系，用图解来表示者，是欧拉 Euler（瑞士底数学者，1707~1783）首创的。现在把这表示于左：

第一，全称肯定判断，凡 S 者 P 也。

（1）"凡人者动物也"一判断，S 是下位概念，P 是上位概念，所以这主辞包括于宾辞底范围内，S 是周延的，P 不周延。如（1）图。

（1）

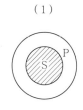

53

（2）除上例外，也有 S 和 P 底范围相一致的，例如"凡等边三角形者等角三角形也""南京者国民政府之首都也"，SP 两辞是等价概念，所以两者都周延。如（2）图。

（2）

第二，全称否定判断，凡 S 不是 P。

这判断极简明，例如"凡人不是木"或"凡马不是牛"，S 和 P 全然异范围，彼此各不相涉，所以 S 和 P 各各周延。如下图。

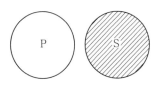

第三，特称肯定判断；某 S 者 P 也。

第二章 判　断

（1）"某矿物发光体也"，为这判断底例子，主辞宾辞只有一部分相一致，所以有如下图的关系，S和P皆不周延。

（1）

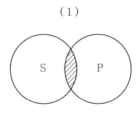

（2）"某人圣人也"这个例子，圣人是不能出人以外的，所以人是上位概念，圣人是下位概念，P底外延，当然包括于S之中，但只有S底一部和P底一部为一致，如下图。

（2）

（3）"某人动物也"这个例子，从事实上讲来，本当说"凡人皆动物"，今虽变全称为特称，S 底范围，实全包含于 P 底范围内，特就其一部立言罢了。

（3）

（4）"某人者理性动物也"这个例子，事实上，当说"人者理性动物也"，S 和 P 底范围，全相一致，现在用 I 判断表示，所以如下图的关系。

（4）

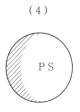

第四，特称否定判断，某 S 不是 P。

（1）"某矿物不是发光体"这个例子，S 和 P 虽然交叉，立言底对象 S 部分，并不含于 P 底全部，所以 S 不周延，P 周延。

（1）

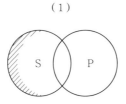

（2）"某人不是有德者"这个上面底判断看起来，有德者对于人是下位概念，所以 P 包括于 S 之中，但是判断底对象，S 之中底 P 除去以外底部分中的一小部分，S 不周延，P 周延。

（2）

第四节 对 当

AEIO 底四种判断中，某一个判断为真或者为伪底时候，和其他三判断有怎样交涉？

这种关系，叫做对当（Opposition）。

上图叫做对当的方阵（the Square of Opposition），这个关系，可分四种。（1）A和E底关系，叫做反对（Contrary）；（2）A和O，E和I底关系，叫做矛盾（Contradictory）；（3）I和O底关系，叫做小反对（Subcontrary）；（4）A和I，E和O底关系，叫做差等（Subalternation）。

（1）反对。质相异底全称判断A和E底关系。一方为真，他方为伪；一方为伪，他方真伪不明。就是两者不能同时为真，却得同时为伪。

第二章 判 断

"凡人皆有德"（A）是伪的，那末"凡人不是有德者"（E）不能为真，因为有"某人有德者"（I）"某人不是有德者"（O）二种意义含蓄在内的。

（2）小反对。质相异的特称判断的关系。一方为伪，他方为真；一方为真，他方真伪不明。就是两者有同时为真的地方。

"某人善人也"（I）为真的时候，"某人不是善人"（O）也得成立的。因为某人的范围，在两判断中，得各各不同的。

（3）差等。质同量异 AI 和 EO 的关系，全体是真的，那末部分也是真的；部分是伪的，那末含这部分伪底全体，也是伪的，但是全称判断底伪，特称判断底真伪不明；又特称判断底真，全称判断底真伪不明。

"凡教师是学问家"（A）为伪的时候；"某

教师是学问家"（I）说它不是真的，是不可以的；反之，"某教师为学问家"为真的时候，说道"凡教师是学问家"为真的，是不可以的。因为可以为真，也可以为伪。

（4）矛盾。质量全异 AO 和 EI 的关系。一方为真，他方必定是为伪的关系。

"凡人皆有死"（A）为真"某人不死"（O）为伪。又如有"某人善人也"的事实，要说"凡人不是善人"是不行的。

上面所讲底关系，可以表示如下：

	A真	E真	I真	O真	A伪	E伪	I伪	O伪
A	真	伪	不明	伪	伪	不明	伪	真
E	伪	真	伪	不明	不明	伪	真	伪
I	真	伪	真	不明	不明	真	伪	真
O	伪	真	不明	真	真	不明	真	伪

Chapter
第三章
03

推　理

第三章 推 理 ‖

第一节 推理底意义

把已知底判断为根据，导出一种新判断底思考作用，叫做推理（Reasoning or Inference）。我们日常想着是个简单的判断，反省起来，可以认做推理者，非常之多。例如我们看见烟火，或听到惊钟，就判断这是失火。在这种判断上想起来，惊钟和烟火，为判断失火底充足理由。

印度底论理（因明）有下列的形式：

山上有火……………………宗（结论）

因为有烟……………………因（事实）

63

凡有烟的地方，可以见到火。譬如竈等，就可知道……喻（既得底知识）。

这是把判断底过程，分析地表示的形式，如只说结论，在心理学上，常人叫做知觉或统觉。一切底智识，不论它明了地意识与否，因为成立于根据（Ground，理由）和归结（Consquence）底关系上，虽无论理的形式，可从一种推理而知道。这种推理反复行之，那末联合作用也很容易，才变化成功直觉的判断。

不过，只有直觉习惯的判断，非但我们底智识，没有进步；处于这种复杂的社会生活里，新鲜问题，层出不穷，就是要解决眼前生活，也是不能。所以我们应当努力地把既得底知识，有意地构成新的判断，或解决新问题，或获得新知识。却是努力地要从既得的判断来解决一定的问题，不论实践论理的

第三章 推 理 ‖

形式与否，必定要经过推理底历程的。

推理有二要素。就是原判断和这判断所引出的新判断。前者叫做前提（Premise）；后者叫做结论（Conelusion）。判断上底主宾两辞，是从连辞而连接成功的，就把前提和结论，用"何故""因为"等底推究法（Illative）而连结成功的。这推究语，系表示这思考底推理的。

推理分为直接推理（Immediate Inference）和间接推理（Mediate Inference）二种，前者是一个前提（原判断）构成结论的；后者是从二个以上的前提引出结论的。就是在间接推理上，除所给与底资料（data）的判断以外，还要给与解决这推理底补助的判断。

推理用言语来发表的形式，叫做推论式（或简称论式）这种一般的形式如下：

凡 M 者 P 也……（凡生物不死）

凡 S 者 M 也……（凡人生物也）

故凡 S 者 P 也……（故凡人不死）

推理底一般形式上，思考底任何资料，都可以适用的。好像数学上底公式（a+b）^{2} = a^2+2ab+b^2，无论何种实数，都可代入进去的。如若不讲思考内容，只讲形式的论理学，就叫做形式论理学（Formal Logic）。

第二节　直接推理

一、附性法（Contribution）

把原判断的主辞宾辞，同样修饰，从此推得新判断的方法。可分为二种。

（1）系语附加（Added Determinant）。

用同一系语,限制主宾概念。如（凡鸠者鸟也）附加白的形容词为（凡白鸠者白鸟也）。

（2）复义附加（Complex Conception）。比较系语附加稍复杂。如（凡鸠者鸟也）把它构成复杂的概念为（凡白鸠之群者为白鸟之群也）。

二、换质法（Obversion）

构成一种不变原判断底性质和原意底直接推理法，叫做换质法。为这推理，是变原判断底质的，先置宾辞于矛盾概念，然后把肯定改为否定，否定改为肯定。

（1）从肯定改为否定。

S 者 P 也——S 者不是非 P 也

例：凡马动物也（A）——凡马不是非动物也（E）

（2）从否定改为肯定。

S者不是P——S者是非P也

凡人不是马（E）凡人是非马也（A）。

从I改为O；从O改为I。可以上例类推。

三、换位法（Conversion）

把原判断底主辞和宾辞转换过来，构成一种新判断的直接推理，叫做换位法。换位底判断必和原判断同性质，并且原判断上不周延的概念，换在新判断上，不能周延的。但是在原判断上周延的，在新判断上不周延，也无妨碍。所以：

（1）原判断E或I，可以不变判断之形，转换主宾辞底位置，这叫做单纯换位（Simple Conversion）。

（2）原判断 A，除同一判断外，常常换宾辞为主辞时，须加制限的；新判断不得不为 I，这叫做制限换位（Conversion by Limitation）。

（3）O 判断换位是不可能的，因为原判断上不周延的主辞，在新判断上周延了。

①单纯换位。

A.原判断 A 中底同一判断——新判断同一判断。

S 者 P 也（A）——P 者 S 也

例：南京者国民政府首都也——国民政府首都南京也

B.原判断 I——新判断 I。

某 S 者 P 也（I）——某 P 者 S 也（I）

例：某金属发光体也——某发光体金属也

C.原判断 E——新判断 E。

S 不是 P（E）——P 不是 S

例：动物者不是植物——植物者不是动物

②制限换位。

原判断 A——新判断 I

S 者 P 也（A）——某 P 者 S 也（I）

例：凡马者动物也——某动物者马也。

③ O 换位不可能。

四、换质位法（Contraposition）

原判断上换质换位同时并用的直接推理，叫做换质位法。这个方法（1）从原判断 A 到

E（2）从 E 和 O 到 I（3）I 不能施换质位法，因为 I 换质以后，即变为 O，O 是不能换位的。

换质位法时，初步的时候，先换质，后换位，以次行之，比较妥当。例如"凡真革命家者道德家也"（原判断）先换质为"凡真革命家不是非道德家"成 E，再行换位。为"凡非道德家不是真革命家"仍为 E。

（1）原判断 A——新判断 E。

凡 S 者 P 也（A）——凡非 P 者不是 S 也（E）

例见前

（2）原判断 E——新判断 I。

凡 S 者不是 P（E）——某非 P 者 S 也（I）

例：凡动物者不是植物——某非植物者动物也

（3）原判断 O——新判断 I。

某 S 者不是 P（O）——某非 P 者 S 也（I）

例：某动物不是哺乳类——某非哺乳类动物也

（4）I 不可能。

五、对　当

对当也是直接推理底一种。

实例见前。

04

间接推理

第四章 间接推理 ‖

第一节 间接推理底种类

间接推理，把二个以上的判断（前提）做基础；中概念（共通于二个前提的概念）为媒介，构成一种新的判断（结论）底推理，从前提和结论的关系，这推理可分为三种：

（1）用一般原理解释特殊的事实，叫做演绎推理（Deductive Reasoning）。

（2）以特殊的事实导出一般的原理，叫做归纳推理（Inductive Reasoning）。

（3）从一个特殊事实推定其未知底特殊

的事实，叫做类比推理（比论）（Analogy）。

演绎法理，从前提底判断的种类，分为（1）定言推理；（2）假言推理；（3）选言推理；（4）复合推理；（5）省略推理。

以上合（2）（3）（4）叫做制约推理（Conditional Syllogism）。间接推理中，简单底型式的 Typical，须从二个前提和结论而成，这叫做三段论法（Syllogism）。

第二节　演绎推理法

一、定言的三段论法

把两个定言判断为前题，含于其中底一般的真理为根据来推定特殊的事实底推理法，叫做定言的三段论法（Categorical Syllogism）。这推理法上结论底宾辞，叫做

大概念（P）（Major Concept）。有这大概念
的前提叫做大前提（Major Premise）；结论
底主辞，叫做小概念（S），有这小概念底前
提，叫做小前提（Minor Premise）。大小两
前提共通所有底概念，叫做中概念或媒概念
（Middle Term）。从这两个中概念，同一看
待，才导出结论。其例如下：

M 者 P 也（大前提）

S 者 M 也（小前提）

故 S 者 P 也（结论）

例：凡动物者（M）生物也（P）

凡马者（S）动物也（M）

故凡马者（S）生物（P）

大小前提底位置，在推论上虽无关系，但

是形式上通常大前提放在小前提的前面。

中概念或在大小两前提底主辞的位置，或在宾辞的位置，能把定言的三段论法，组合为四种，这个组合，就叫做格（Frime）。

	第一格	第二格	第三格	第四格
大前提	M—P	P—M	M—P	P—M
小前提	S—M	S—M	M—S	M—S
结 论	S—P	S—P	S—P	S—P

以上第一格、第二格、第三格为亚里斯多德（Aristatles）所定的，第四格为盖莱纳斯（Galenus）所补的。

各格底大小两前提和结论，脱不出 AEIO 的各判断以外。推理历程上所用的各种判断底组合，叫做式（Mood）。现在把任何一格 A 做大前提，任取其他二个判断为小前提和结论，辗转配合可得式 16 种，例推至 EIO

各各为大前提。各和其他配合，共衍出之数为 64（4^2=64❶）；四格总计，可得式之总数为 256（64×4=256）。不过这是抽象地组合的结果，各种组合的正当与否，须照定言的三段论法底法则检查起来，其中不能用的很多。所以下面定有法则以检查各格。

用于演绎法全部底根本法则，亚里士多德定"全体是真的，部分也是真的；全体是否定的，部分也是否定的"。这叫做"关于全体及无的原理"（Dictum de omni et nullo）。

现在基于这原理和上面所举的概念判断等关系，可以得到七个三段论法的法则。

第一则　凡定言的三段论法，从三个不同的概念（总数六个）和三个判断而成。并且只准有三个概念和三个判断。因为少则不

❶ 应为 4^3=64。——编者注

能联络；多要失媒介力的，如形式只有三个概念，它底意义前后不同，实质上和四个概念无异，也不能成立结论，犯这规则者叫做四名辞的误谬（Fallacy of Four Termo）。

例：凡杀人者处死刑

执行死刑的人杀人者也

故执行死刑的人当处死刑

这是杀人者的中概念，用于多义的缘故。

第二则　中概念至少必一次周延。犯这规则者，叫做中概念不周延的误谬。中概念周延，大概念、小概念都能被包含着。所以中概念一次没有周延，这二个中概念，有无共通的外延，不能明了。因失掉媒介之效的缘故。

例：犬者哺乳类也

猫亦哺乳类也

故猫者犬也

这个判断的误谬，用欧拉图表示起来，可见犬（P）和猫（S）的关系不定，不能得结论。

第三则 前提中不周延的概念，在结论不可变为周延。

如犯这规则，就是以部分的真，决定全体的真了。这叫做不当周延的误谬（Fallacy of Illicet）。前提中不周延底大概念，结论中周延的时候，这叫做大概念不当周延；小概念的时候，叫做小概念不当周延。

例一、小概念不当周延

日本人强于战争

日本人身体小

故身体小者强于战争

例二、大概念不当周延

日本人爱国的

中国人不是日本人

故中国人不是爱国者

上面二例读者自己可以用欧拉图来说明。

第四则　两前提都否定，不能得结论。犯这规则叫做两否定的误谬（Fallacy of Both

Negation）。两前提都是否定，中概念和大小两前提并无何等关系，所以把这概念做媒介，以定大小两概念的关系，是不可能的。例如"英人无为奴者，黑人不是英人"不能断言"黑人为奴"。观图便知。

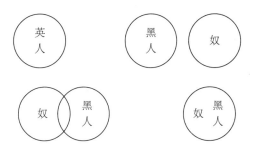

第五则　两前提都是肯定，结论也是肯定；两前提之一为否定，结果也否定。如两前提否定，结论生否定时，就是前提中不周延的概念，结果为周延了；又两前提之一为否定时，一前提底名辞和中名词一致，它前提底名辞和中名词不一致，这大小二名辞，必为拒斥的关系无疑，否则也生误谬，看下二例，

便可知道。

例一、凡人者生物

凡中国人者人也

故凡中国人者不是生物

例二、凡中国人不是美国人

凡美国人者西洋人也

故凡中国人者西洋人也

第六则　两前提都是特称，不能得结论。

两前提都是特称的时候，不外 II、IO、OO 三种，这是顺次犯第二则、第三则、第四则的缘故。读者自己一证便知。

第七则　两前提之一是特称，结论也是特称。

　　两前提之一是特称的时候，不外 AI、
AO、EI、EO 四种，其中 EO 不能得结论，
略而不论，其余的三种，读者只要用欧拉图
一证更知[1]。

　　从上面的七则以检前面所讲的 64 种形式，
可有正确的式 11 种剩下。

　　A　A　A

　　A　A　I

　　A　E　E

　　A　E　O

　　A　I　I

　　A　O　O

　　E　A　E

　　E　A　O

　　E　I　O

　　I　A　I

　　O　A　O

---

　　[1]　根据上下文，当为"便知"。——编者注

如以四格而论，共有 44 种，不过其中有只宜于一格，不宜于他格的；或能兼二格，只不适宜于某格的。所以在格的立场再用上述七则来检验，只能得 24 种的正当推理了。

式＼格	第一	第二	第三	第四
A A A	正			
A A I	（正）		正	正
A I I	正		正	
A E E		正		正
A E O		（正）		（正）
A O O		正		
E A E	正	正		
E A O	（正）	（正）	正	正
E I O	正	正	正	正
I A I			正	正
O A O			正	

上列表中，附有括号者五种，因它结论可得全称判断的而为特称判断，叫做微弱结论，但实际是不用的。所以 256 种的组合中，

正确有效的，只有 19 种，这 19 种中，全称肯定的判断的结论，只有一个，特殊否定的结论最多，我们要构成智识上最有价值的 A 命题，无论何种困难，用这 19 种正当推理来当之，没有不迎刃而解的。

二、假言的三段论法

用假言判断为前提底演绎的三段论法，叫做假言的三段论法（Hypothetical Syllogism）。假言的三段论法可分为二种：（1）纯粹假言推理；（2）混合假言推理。

假言推理是根据于假言判断中底前件（根据）和后件（归结）的关系而成立的，所以必要的规则有二。

（1）定立前件，（根据）后件（归结）也可以定立。

（2）破斥后件，前件也可以破斥（充足原理）。

（一）纯粹假言推理（Pure Hypothetical Syllogism，全假言三段论法，Whooly H.S.）

两前提都是假言判断。

这很容易改为定言的三段论法，所以不见得十分重要，这个推理形式如下：

（1）肯定式（定立前件）。

若 A 为 B 则 C 为 D

若 E 为 F 则 A 为 B

故若 E 为 F 则 C 为 D

例：交通的便利增则都会繁盛

建筑铁道则交通便利增

故建筑铁道则都会繁盛

（2）否定式（破斥后件）。

若C为D则A为B

若E为F则A不为B

故E为F则D不为C

例：若勇者则是不惧

若踌躇则可知非不惧

故踌躇不是勇者

反之，如破斥前件定立后件（前件为后件底惟一条件时例外），那末结论不正当。这叫做前件否定的误谬（Fallacy of Denying the Antecedent）和后件肯定的误谬（Falllacy of Positing the Consequent）。

诡辩学者往往巧用根据和归结底关系以

欺人，所以常常有新奇的说以惑人，如本书第一章，所说底故事，即是一个例子。并且可知鳄鱼所辩的是定立了前件而不定立后件。小儿底母亲所辩的，前件和后件成立在无关系的。所以有这种诡辩的奇异的形式。

（二）混合假言推理（Mixed Hypothetical Syllogism，半假言三段论法，Parthly H.S.）

大前提是假言判断，小前提是定言判断，从小前提去肯定或否定大前提底前件或后件而成立底推理，为各种推理中底最重要者。这个推理形式如下：

（1）肯定式（构成的假言推理）。

若 A 为 B 则 C 为 D

A 者 B 也

故 C 为 D

例：若天气热则学校当临时停课

　　今天气已热

　　故学校当临时停课

（2）否定式（破坏的假言推理）。

若 A 为 B 则 C 为 D

C 不是 D

故 A 不是 B

例：昨夜如果寒则池水必结冰

　　但池水不结冰

　　故昨夜不寒

混合假言推理，是基于根据和归结底充足理由的，如事物现象间底因果关系和数学上底论理的关系，都是用这推理而定的。所以又叫做证明的假言推理为研究学问底最重要底推理。

三、选言的三段论法

选言的三段论法（Disjunctive Syllogism）。选言的三段论法底大小前提和结论底关系，大前提为选言的判断，小前提为肯定或否定这大前提底某选言肢所成底定言的判断，结论是从小前提受到大前提底某种影响而成的。

这推理底大前提底选言肢，必须具有下列二条件。

（1）选言判断底宾辞底选言肢，能合于主辞者，当罗举净尽。

（2）选言肢在外延上当互相拒斥的，决不可交叉的。

犯上列的规则者，叫做离接不完全的误谬（Fallacy of Imperfect Disfunction）。选言推理底误谬，大都不注意到这二规则的缘故。所以我们选言推理时，当预检上面的二条件。

选言推理的规则，是从上面底选言的规则而定的。就是小前提肯定大前提底选言肢中底一肢时，即是否定其他各肢；除这一肢外，否定其他各肢时，即是肯定这一肢。所以这个结论底形式，分为二种。

（1）肯定的否定式（破坏的选言推理）。

S 为 P_1 乎为 P_2 乎

S 者 P_1 也

故 S 不是 P_2

例：此动物为哺乳类乎为非哺乳类乎

此动物为哺乳类

故此动物不是非哺乳类

（2）否定的肯定式（构成的选言推理）。

S 为 P_1 乎为 P_2 乎抑为 P_3 乎

S 不为 P_2 亦不为 P_3

故 S 为 P_1

例：此动物为陆栖乎为水栖乎抑两栖乎

此动物不是水栖因之亦不是两栖

故此动物为陆栖

选言的三段论法，大前提不得为否定判断，因一为否定判断，即不能成选言的缘故。

四、复合推理法（Compound Syllogism）和省略法——两体论法、连锁法、省略法

（一）两体论法（Dilemma，双肢式）

两体论法，是混合假言的推理法和选言

的推理法的，大前提是假言判断而有二个选言肢的，小前提是定言判断或选言判断肯定大前提底前件或否定后件的；它底结论是从这种形式而导出。这个推理法中选言肢，特别叫做两体论法的角（Horns of Dilemma）。

选言肢有三个的叫做三肢体（Trilemma），四个的叫做四肢体（Tetralemma），四个以上的叫做多肢体（Polylemma），可照二肢体类推。

两体论法因大前提是含有选言肢的假言判断，所以这推理法的规则，从假言的三段论法和选言的三段论法而来的。因此小前提定立前件的时候，在结论上后件也得定立，这叫做构成的两体论法（Constructive Dilemma）；小前提破斥后件的时候，在结论上，前件也被斥，这叫做破坏的两体论法（Destructive Dilemma）。应用选言肢时，也当遵守选言肢底细则，不可触犯，否则容易陷于误谬的地位，诡辩学者，往往好犯这规则。

两体论法从构成上和推理历程上可分为下列数种：

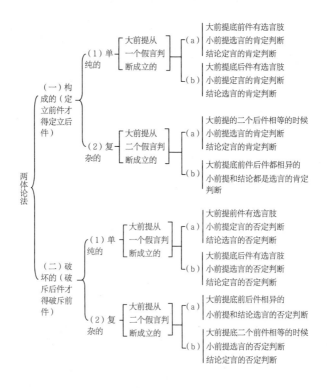

形式一　单纯构成的两体论法（A）的时候

若 A 为 B 乎为 C 乎则 D 为 E

A 为 B 乎 A 为 C 乎

则 D 为 E

形式二　复杂构成的两体论法（b）的时候

若 A 为 B 则 C 为 D，又 E 若为 F 则 G 为 H

A 为 B 乎 E 为 F 乎

故 C 为 D 乎 G 为 H 乎

形式三　单纯破坏的两体论法（b）的时候

若 A 为 B 则 C 为 D 乎 E 为 F 乎

C 不是 D，亦不是 E

改 A 不是 B

形式四　复杂破坏的两体论法（b）的时候

若 A 为 B 则 C 为 D，又 A 为 B 则 E 为 F

C 不是 D，E 不是 F

故 A 不是 B

（二）连锁法

从三个以上的前提顺次地连结的下推论而得结论底方法，叫做连锁法（积叠法，Chain Syllogism Soirtes）。也是下面要讲的省略推理法底一种，可以当作省略许多结论而为一个的结论看的。

连锁法有前进的连锁法（Progressive Sorites）和后进的连锁法（Regressive Sorites）。前者叫做亚利斯多德连锁法，后者叫做戈克来宁连锁法（Goclenian Sorites）。

第四章 间接推理

前进的连锁法，一前提底宾辞，顺次为其次前提底主辞，最初的前提底主辞，为结论底主辞。

形式如下：

S者B也　有觉悟则心平气和

B者C也　心平气和则不为盲动

C者D也　不为盲动即少过失

D者P也　过失减少即是幸福

故S者P也　故有觉悟即是幸福

后进的连锁法，一前提底主辞，顺次为其次前提底宾辞，最后前提底主辞，为结论底主辞。

形式如下：

A者P也　少过失的是幸福者

B 者 A 也　不为盲动即少过失

C 者 B 也　心平气和则不为盲动

S 者 C 也　有觉悟则心平气和

故 S 者 P 也　故有觉悟即是幸福

连锁法有下列二规则：

（1）只有最初的前提 A 式是许特称的；G 式是许否定的。其他 A 当为全称的；G 式当为肯定的。

（2）只有最后的前提 A 式是许否定的；G 式是许特称的。其他 A 式当为肯定的；G 式当为全称的。

（三）省略推理法

省略法（Enthymeme）是构成三段论法底各判断，任少其一的推理法。

第四章　间接推理 ‖

第一，省略大前提。

例：因为天雨，故衣服濡湿。

省略大前提"若遇天雨则衣服必被濡湿"。

第二，省略小前提。

例：凡人不能无过；故虽君子，亦不能
无过。

省略小前提"君子亦人也"。

第三，省略结论。

例：凡人不能无过，彼亦人焉！

省略小前提"彼亦不能无过失"。

有时候举判断全部而不漏，好像觉得冗
长铺排，陷于干燥无味；一用省略法，反而
觉得议论清洁，言词有力！特别省略结论时，听者有推敲的余地；言者可任意讥讽。文章言语等的巧拙，差不多关系于能不能善用这个省略法为断。所以我们学论理学者，不可不注意这个省略法！

第三节　归纳推理法

一、归纳推理法底组织

演绎推理底结论，从大前提中所含的一般原理以解释小前提底事实而成立的。就是从已知的全体推及于未知底部分的推理。反一面讲，从许多部分的经验所得的事实，或现象底共通性，统一起来，而构成全体的知识，或一般的原理底思考作用，叫做归纳推理（Inductive inference）。

归纳推理底形式如下：

$M_1M_2M_3\cdots\cdots$者 P 也

例：金银铜铁从热而膨胀

$M_1M_2M_3$……者 S 也

金银铜铁金属也

故凡 S 者 P 也

故凡金属从热而膨胀

这个形式，相当于演绎推理法底第三格，但是演绎推理法底第三格底结论，都是特称判断；小前提底宾辞，常常不周延的。所以归纳推理底结论为全称判断，把一部分的真，扩充到全部分去，很明白的陷于不当周延的误谬，但是归纳推理底特点，却在于这一点。至于为什么这样地才能算得真正的归纳推理，且等以下来说明。

归纳推理底判断，以上面看来，无一定限制，所举各个的事实愈多，它底推论也愈确；概念的多少，也因判断多少的数目为增减。但其主宾辞，非彼此互有同种类同因果的关系不可的。

归纳推理有二种：就是完全归纳推理（Perfect Ind.Infer）和不完全归纳推理（Imperfect Ind.Infer）。依次说明如下：

（1）完全归纳推理。结论中所含有者，都于前提检举净尽，形式如下：

$M_1M_2M_3$……等皆 P 也

例：木星、火星、土星、金星、水星皆回绕太阳之周围

$M_1M_2M_3$……等皆 S 也

木星、火星、土星、金星、水星皆游星

故凡 S 者 P 也

故凡游星皆回绕太阳之周围

这个形式，在小前提上举尽宾辞外延底全部，所以在结论，不过是把大前提底木星、火星等代换一个游星的用语吧了[1]。这种经验的全称判断，虽有节约思考底劳力的利益，并没有得到何等的新知识。因之不能称为真正的推理。换一句话说：叫做推理，必定要从既知推到未知的，现在这个法则，不过胪列既知底事实，没有一毫未知的理，含蓄于中，故不能为归纳法底最有价值者。

（2）不完全归纳推理。结论主辞底外延全部，不能举尽，但是可以一般化，推及于全体。就是从个个的事实出发，用归纳法底手续方法，得全体地承认不经验和不能经验的事物的推理，所以真正的归纳推理，即是

---

[1]　即"罢了"。——编者注

不完全的归纳推理，它底结论，常为无制约
的全称判断。

形式如下：

甲者死

乙者死

丙者死

丁者死

而甲乙丙丁人也

故凡人皆有死

二、归纳推理法底根据

归纳推理，能从确见其所以然，而推知
当然的，是没有其他的道理，因为有二种原
则存在，统一人间的知识，使其不入于歧途

底缘故。这个二种原质是什么？是（1）自然齐一律；（2）因果律。

（1）自然齐一律（Law of Natural Identity）。依同样的事情，我们可信其生同样现象，据同样的现象，我们逆料其为同一原因。这事物的均齐，隐然寓有一种法则。种种经验，愈积愈深，对于这一定的秩序，养成内部坚确的信念，不知不觉地、自然地受支配于这法则之下了。

（2）因果律（Law of Causal Relation）。凡有一现象，必有一原因在前。凡有同样的原因，必生同样的结果于后。二者关系极密切，俨然成为一定不易的法则，所以又叫做因果律。

但是做归纳推理时，有应当注意的条件二：

（1）各事例相一致的属性，非本质的不可。

（2）各事例属于同一类的，非代表的不可。

第四节　类推法

一、类推法底组织

把某特殊的事实为真，推定其他未知的事实为真底一种推理，叫做类推法（Anology）。

例如，考察甲时晓得它有 ABCD 等性质，又考察乙时晓得它有 ABC 等性质，甲乙有互相类似的地方，所以推断恐怕乙也有 D 底性质吧？

凡从一物计算他物；从过去的经验，推定未来的事实，都是用这推理的。它底形式如次：

M 者 P 也

S 于 ABC 等数点似 M

故 S 盖为 P

例：地球有人住在

火星有水有陆有空气并有潮汐及自转公转等人类生存上所必要的条件类似地球

故火星盖有人住在

类推法底结论，常常是盖然的：只有数学上的类推，却是能得到确实的结果。

$1+3=2 \times 2=2^2=4$

$1+3+5=3 \times 3=3^2=9$

$1+3+5+7=4 \times 4=4^2=16$

因之 $1+3+5+7+9+11+13+15+17=9 \times 9=9^2=81$ 底确实，可以知道。

此外，解代数式时所用的代入法，也是类推底应用。

二、类推法底根据

类推法上底确实的根据，有一种为主张自我的认识。因为自己有心，所以能直觉地信念。从这直觉地得到底知识，解释他人底种种表出，类推到他人也有和自己相等的心。但是反对这种见解的学者，说好像我们自己不能见自己底眼睛一样，离开了他我，自我底认识是不行的。自我底认识，是从对于他人所经验底客观标征而来的。这等议论，都是偏面的。离开了我，不能得我的认识，这是当然的。我的认识中，必然地有（1）自己构成的原理，（2）自己统制的原理。前者是我自己有的能动力，为使一切经验可能底根本的力；后者是自己构成底活动上必然地要求的而统制自己底所动的力。一切的"人、自然"和历史，都是统制自我的力，离开了这环境自我不能着想。所以这两者，为发展人格的根本要素，离开了这要素，我们不能认识的。

　　所以定一事项为真的根据，就是把构成这一事项底种种要素和他事项底要素，互相比较，他事项有类似于这事项的地方，才推及这事项有同一的真底根本动机，是在于自我的认识。自我底知识进步，类推底确实性因之变化。从类推法上认为真时，这是从自己这样解释而来的。在这样解释上我们所必须的注意，即是形式论理学上所讲底类推法的原则。

　　（1）比较两事物，须要多数的类似点，若只有一二点相类，推论其他，那末根据必薄弱。

　　（2）比较的类似点，非积极的本质不可。

例如，甲乙两学生年龄、住址、学校相同，甲学生为勤勉的学生，遂推知乙亦是勤勉的学生。那末人人都知道是误谬的。因为所比的类似点，是偶然性的，不是必然的本质属性。

（3）类推上所施的二个事物或现象底性质，应当各各相合的；又相矛盾的其他底性质事情等，不可含有。

例如，月与地球有许多之点相合，却不能说月亦有生物栖息。因为地球上有空气，为生物生存上必然的关系，月是不能断定有空气的，对于这一点本质类似点，并不相合，所以如推定月球上栖息生物的，不免误谬。

第三编

方法论

原理论和方法论

第一章　原理论和方法论 ‖

论理学，通常分为原理论（Stoichiology）和方法论（Methodology）二部。明了思考作用底形式和法则，叫做原理论。运用这原理论所得的诸法则，发见许多新知识，探得共认的真理，而把这既得的智识统一整理起来，创作一真理的体系上所用的顺序方法，使其明白晓畅，这就叫做方法论。所以方法论又叫做应用论理学（Applied Logic）。

对于原理论的一般，前编已经讲过，在本编只谈方法论的。但是要研究这研究的方法，不得不把这一切研究法的基础底分析综合的历程，预先了解，以后再说明发见知识的方法和组织知识的方法不可。

Chapter

第二章

02

分析和综合

第二章 分析和综合 ‖

　　科学是体系的知识，已在第一编第二章讲过了；但是作成这体系，必定要有一定的原理。就是把原理当作不动的东西，从这原理把某范围底现象和事实，一个系统地组织起来，才能算是学问的研究。这个研究上所必要底基本的原理叫做论理上底公准（Postulate）。

　　我们底统觉作用，含有把二以上底心的内容，比较一下，认识这是一致的还是差异的分析作用；和决定这种心的内容相互底关系而统一起来的综合作用。所以我们底思考历程，不外乎分析和综合的进行。如若我们把某事物或现象，科学地组织起来，必定是根据于某种原理，先求得合于其中的要素，然后把这要素统合起来而成的。分解某事实或现象底要素叫做分析（Analysis）；分析后的要素，更系统地组织起来，叫做综合（Synthesis）。

分析外延，是从类到种再于内包综合的意思；反之，分析内包，是从种到类再于外延综合的意思。例如，分析植物为属于有机的，是把动物综合在内了；又如有机体底外延分析为植物和动物时，是把植物底性质和动物底性质综合于内包了。

照这样说来，常常把分析是从全体至于部分的，综合是集全部分而成的，实在不是如此的。在意识历程上论，分析和综合，为同一历程底两面。我们分析某对象时，同时，在思考作用实行综合，把个个的事物统一化、一般化、抽象化。有了这种作用的效能，概念才能作成；知识的系统，才能成立。反之，我们行综合时，就是把个个的事实和根据底

第二章 分析和综合 ||

特性，添加于概念上的作用，次第特殊化、具体化。

一、分析底形式

（1）要素的分析（A.into elements）。把一个事实或现象分析它底要素出来，叫做要素的分析法。例如，把动物分为头部、胸部、腹部；把一年分为春、夏、秋、冬。其他博物地理、传记等的研究法，差不多根据于这方法的非常之多。

（2）因果的分析（Causal A）。把事物或现象，分为原因结果底关系而研究者，叫做因果的分析法。用这研究法者，以物理化学为主，这个方法，诉之于实验的手段者非常之多。

（3）论理的分析（Logical A）。把复杂的事实，从其内部意义底关系，论理地分析研究者，叫做论理的分析法。因果的分析，是预想时间的经过，原因必先于结果而存在的；至于论理的分析法，不受时间底制限的。数学底研究，用这个方法为主。

二、综合底形式

（1）再生的综合（Reproductive S）。一旦分析后个个事物，集合起来再统合于一概念，叫做再生的综合法。像把水底要素，分析为养气❶和轻气❷后，再合为水底样子底机械的方法。

原来，把个个事物，都是机械地组织的，全体是不可能的。组织以前组织者底意识中，没有全体观念底存在，是不可以的。如钟表师的组织钟表，是一个例子。

---

❶ 即"氧气"。——编者注
❷ 即"氢气"。——编者注

（2）构成底综合（Constructive S）。把
从分析所得的要素（观念）依着其原理和一
定的形式配列起来，构成一种新的事实，叫
做构成的综合法。创造和发明，从这方法而
成的。知识从这方法而组织，才有现实的力量。

Chapter
第三章

03

探究法

第一节 归纳法演绎法和试验论理

探究法（Method of Investigation），为发觉知识的方法，可分为归纳法（Inductive）、演绎法（Deductive）、试验论理（Theory of Experiment）。

归纳法是研究从个个特殊事实中找出一般的真理底手续和方法的。就是基于前面所讲的归纳推理法底原则而导出结论底手续和方法，从事实上来证明底法则。

演绎法是明了这个把一般的真理适用于个个特殊的事实而证实这一般的真理，且解释这具体的特殊事实底方法的。就是研究这根基于前面所讲的演绎推理法底原理而导出结论底手续和方法的。

试验论理系美人杜威（Dewey）所创，为混合归纳推理两法以求真理底一种新方法，就是不重思想形式而主实际试验底求真的方法。

归纳和演绎为思考作用底两面，互有补充的关系，若缺其一，即不能发见知识，但是试验论理法，更可以确实归纳法底结论。

凡是思考作用，都是起于解决问题的动机。这种问题有的从内部底要求而起的，有的促于外部底事情而起的。又有从上面二条件相合而起的。不过无论什么时候，这个根本动机，总是根基我们心中先天的备着的求知本能（Curiosity）和认识冲动的。我们常常从这个本能和冲动，努力地扩大生活范围，维持生命的发展。

　　所以我们知的生活，常常前面抱着无限的问题，后面残余解决的结果（知识）永远进展不绝。我们只要明白地意识这种问题，努力地解决这种问题，那末，知识的宝库，自然有开发的可能。

　　解决问题，就是判断"S者甲也"。但是问题不能解决时，即为疑问。疑问有二种：

　　（1）全体表象，即是无判断底S，判断底P，起疑惑的时候（思想无间隙的，所以思想无补充的必要）。

　　（2）全体表象底某部分，即是判断中的P，有间隙的，这个间隙的部分，就成为问题（事实虽无疑惑，思想有间隙，所以有补充的必要）。

　　前者叫做决定的疑问，对答这疑问，伴

着"是的""对的"的特色。

后者叫做补充的疑问，答这疑问应附补充思想底言词。

例一　问：此花（S）是蔷薇乎

　　　答：是的，此花是蔷薇也

例二　问：此花（S）为何（P）

　　　答：此花（S）是蔷薇（P）也

问题底解决，不是判断底对象（S）中本来不含有而从其他附加起来的。问题起来的时候，是在判断的主观（P）有疑惑；而判断底对象（S）中含有的性质状态等有些不明，或者全然不明。解决是明了这问题、明晰这问题的意思，所以判断作用是开发（分析）不明了的概念后再闭着（综合）这明了、明析的概念底历程，即是解决问题的历程。

所以解决问题的顺序是:(1)疑难;
(2)疑难何属;(3)设臆;(4)推证;(5)证
实。前面已约略说过,现在再分述如下:

(1)我们一遇事实和现象,往往发生困
难,把它精密地观察,以决定这是什么?

(2)次之,我们一感到困难,心中总觉
不宁;必定要考查事实和现象间的关系,以辨
疑的所在。凡思考时不用心以辨困难的所在,
那末其后的设臆必定漫无规则。譬如医者治
病,必定要先诊察病状探求原理,然后才能
立方下药。

(3)疑难的地方已得,那末,更把这个
事实和现象的关系是什么,预先想定,立为
臆说,从已知推到未知。

(4)臆说不可遽信,臆说往往有骤然看

起来，似极有理的，一经推阐，即发见谬误的地方；又有虽不至斥为谬妄，而推衍后也能变更其形式使更适宜于解决这问题的。所以一臆既立，必须反复推考，非得十足凭证，不可信为真实。

（5）证实，是思考最后的一步，具有判断的作用，又叫做试验的证实。因为参照其他事实和既得的原理，证明这臆说和事实是否相合，如若相合，那末此说即证实而成结论，思考活动，才告一终结。

如若在观察以前，主张已有解决问题底大体的预想者，这叫做演绎法。归纳法是帮助引导结论底说明的。反之，观察后，从其说明而预想大体的结论者，这叫做归纳法，演绎法是为这结论底证明。试验论理是对于引导结论底说明，广为搜罗，详加试验的。从来只有一方面着想把归纳法当做知识的发见法，演绎法为证明法，而不知其有互相联络之方，如试验论之所见者，实在是不完全的偏见。

第二节 归纳法

一、观察法

如前节所讲，解决问题时，不得不明了判断对象中底事实和现象。精密地认识事实和现象底第一步为观察法，至于观察法又可分为（1）狭义的观察和实验，（2）汇类，（3）枚举（统计）等几项。

（1）观察和实验（Observation and Experiment）。这二者都是为发觉与件底事实而设的。不过观察，是把审视天然发生的现象为主的；实验是从人为的增减，变易它底条件，而以观测结果为主的，例如星学、社会学等，即专事观察的；物理学、化学等，即不外实验，二者底作用虽分，对于确实辩认外界底事实，为人类知识底初基，那末是一样的。所以学力的精粗，常常从观察实验的精粗判断的。却是一个纯任天然；一个兼尚人力。从来学者，都赞许实验优于观察。它底优点为：①宜于择时；②宜于择地；③宜于变换事情。但是事物万变，不可拘泥，我们当前所遭值者，往往有欲施实验而无从着手的，那末又非专赖观察不行了。

总之，原因已知而结果未知者，观察实验，两者可并用的时候，不如专用实验为宜。至于计算明确，尤非实验不可。若结果已知而原因尚未知，专用观察，就可以了。当实施这二法时，有不可不注意底条件如下：

①观察和实验，必要精密。

②观察和实验的人，要有健全的心意，不

可预断，不可偏执。

③观察和实验，须注意于该事物底要点。

④实验时必屡变其境遇。

⑤实验时所研究的事物，必定要和它事物分离。

（2）汇类（Generalization）。汇类是对于观察实验时所搜集底事物材料，鉴别异同，择其中间含有类似点者，概括成为一类的方法。实施这方法时，亦有必须注意底三条件。

①精密地整理复杂的现象。

②于复杂的事实现象中，摄取为小数部类。

③识别其中所有的特殊性质，把它和它类相比较。

现在许多科学，止于这汇类程度而止者，不知多少，所谓记述的科学（Descriptive Science），如博物、地理等，就是属于这一类的。

（3）枚举法（Enumeration）。把汇类的总括的结果当作单位，属于这单位者，一一选取，比较统一起来，这叫做枚举法。所以枚举，要有一定的单位 Unit 的。从这单位，给以数量的决定底方法有二种：①单纯的枚举法；②统计的枚举法。

①单纯枚举法（Simple Enumeration）。设立一定的单位，把属于这单位的，计算起来有怎样的范围可以着想，就叫做单纯枚举法。这个材料底数目，愈多愈好，使结果可以信赖。换一句话说，判断底结论，要全称命题的。例如康健的儿童中，学业成绩优良者为多，解释其中有一定的关系所使然的。

②统计法（Statistics or Group Comparison Method）。单纯枚举法，把个个的事例为材料的。反之，从团体的材料给以数量的决定者叫做设计法。换一句话说：把一定的时期或一定事情之下所发生的某种现象，聚集起来，决定其数量；而这现象在同一单位中，有多少含着？准此作成比较为基础，引出一种结论，这就是统计法。定这比较关系，和单纯枚举法相同，也用因果规定法的。

例如在各种职业里，把犯罪者数目和犯罪者种类统计起来，决定其在那一种职业（单位）之下犯罪者最多的关系，就是这个方法。

在统计法上可以当作代表值而采用者，是用平均值（Mean Value），中间数值（Median Value），最大常数值（Most Frequent Value）的。

这种数值表示起多，往往是用数的；或用

图式（Graphic）的，例如用分配曲线等，就是一个例子。

中间数值——例如有五个学生，各得五分、七分、八分、九分、十分的学业成绩，这个平均值，虽为七八分，而中间数值，是从上而下，或从下而上，却在从劣到优所列著的第三者的分数，故为八分。决定这第三者的时候，如人数为 n，那末人数在奇数时，用 $md.V.=\dfrac{n+1}{2}$ 公式，为偶数时，用 $md.V.=\dfrac{n}{2}$ 公式。

二、因果关系底规定

从精密的实验及观察而定事物之为何后，当更进而说明这是何故。从一定的原理以明事实底内部的关系后，把个个事实综合于一般的原理，叫做说明（Explanation）。

第三章　探究法 ‖

为这说明以规定事实及现象的相互关系底手续，穆勒（Mill）叫做找出因果关系的方法，或叫做归纳法的公理（Conons of Induction）。

必然的关系之有二种现象相继而起底时候，一现象为前件，相继而起底现象为后件，前件和后件必然地决定起来，这前件叫做原因，决定后所起的现象，叫做前件的结果。

求这因果关系底方法，穆勒分下列五种：

（1）契合法。要研究的现象底许多例子，有共通的惟一事实，为该现象底原因或结果。

前件　　　后件

ABC·········abc

ADE·········ade

AFG·········afg
_____
∴ A·········a

ABC……AFG 为要研究底现象底前件，abc……afg 为其后件底时有 a 的现象时，常常有 A 的唯一的前件，故可视 A 为 a 的原因。

例：变固体为液体时，a 有常常不变的事情（A）即所谓热者，所以可知"热为变固体为液体的原因"。

（2）差异法（Method of Difference）。要研究的现象，有一事实存于这一例，而不存于他一例，那末，这事实为这现象底原因或原因底一部。

前件　　后件

ABC………abc

BC………bc

_____

∴ A ………a

有 A 而 a 现；无 A 而 a 不现，所以 A 为

a 底原因和原因底主要部分。

例：放铃于玻璃罩内而排除其空气，即不复闻铃声。从此可知声底传达原因实为空气。

（3）契合差异法（Joint Method of Agreement Difference）。一方发现这现象底诸例，却有一事实，一方不发现这现象底诸例，就没有这公有事实，所以这公有事实可知为这现象底原因或原因底一部。

前件　　后件
ABC·········abc
ADE·········ade
AFG·········afg
_____

PQ·········pq

RS·········rs

TU·········tu
_____

∴ A⋯⋯⋯a

一方有 A 存在，常常有 a 存在；他方无 A 存在，常常无 a 存在。这有这两者是共通的，其他都是异样的。所以推定 A 为 a 底原因或原因的主要部分，穆勒叫这方法为间接的差异法（Indirect Method of Difference）。

例：许多患喉症者，同用血清注入法治疗，甲乙丙诸人因就诊急速，才次第奏效而愈。丙丁戊诸人，打血清针较甲乙丙为迟，不及一周，次第就毙。

（4）共变法（Method of Concomitant Variation）。如一现象成某变化时，把现象也生某变化，可知这二现象间有因果关系。

前件　　　后件

ABC⋯⋯⋯abc

A′BC⋯⋯⋯a′bc

A″BC⋯⋯⋯a″cb

_____

∴ A⋯⋯⋯a

ABC 和 abc 底两现象中，A 变为 A′ 和 A″ 的时候 a″，也相应变为 a′ 和 a″，所以认知 A 和 a 之间有因果关系。

例：如温度底变化，常常和寒暑表水银底升降相伴，现在把量计算水银底升降，那末温度底升降，亦得用量来计算。

（5）剩余法（Method of Residues）。如确实知道前件底结果为某事实，那末，从一现象除去所已知的部分，其所余的事实，即为所余前件底结果。

前件　　　后件

ABC⋯⋯⋯abc

B··········b

C··········c

———————————

∴ A········a

ABC 为 abc 现象底前件，预先以研究而知道的 b 底原因 B，c 底原因 C，除去净尽，可知所残的 a 为 A 底结果了。

共变法和剩余法，都是用于欲知量的关系底时候的。例如，计算盛物于袋而计其重，如减其袋之重，即可知所余之重即为物之重量。

三、臆　说

要说明这个从观察实验所得底结果而设假定的原理，叫做臆说（Hypothesis）。如牛顿（Newton）为说明物体的落下，推测"这是地球和物体底中间，有引力底缘故吧！"是一个例子；又如天文学家，论宇宙间有无数的太阳系，各任其行星围绕，我们所见的太阳，不过居其一。这也是天文理上底一臆说。这种都是本于学者丰富的经验，锐敏底想像力，先构成假想的说明当作基础，等到展转❶考据，确实证明，才成科学界一定不易的原理。人类智识的增进，世界学问的发达，全是萌芽于此的。不过我们所尊重的想像，并不是漠然的空想，必定要根据日常的经验，发明现实的因果，以合于论理法的，所以我们构成论理的臆说时，有下列几个注意：

（1）臆说务必要根据于事实的，不可流于空想。

（2）臆说和事实当相合的，就是说明的事实，都应当包括于其中的；这个事实以外的

---

❶ 应为"辗转"。——编者注

东西不可含有。

（3）臆说和既定的原理相反，是不可以的。

（4）臆说当为必要的东西。以既定的原理不能说明的地方及比既定的原理更完全地说明事实以外，没有立臆说的必要。

（5）臆说非单纯不可。

（6）臆说贵能证明能耐人的反复驳诘。

四、立　证

前节底臆说，既为假定的假说，所以它底程度，只有到于盖然而止，如欲检查其说的是否确实和应用这臆说演出推理底结果，能不能成立，这个方法叫做立证（Verification）。立证的方法，从臆说底性质而不同，大约可分为二种：

第三章　探究法 ‖

（1）形式上的立证。这是运用以下将要讲述的论证（Proof）底诸形式以证既得的原理和臆说是不是调和一种肯定或否定的作用。

（2）资料上的立证。这是臆说果然得能说明事实的，还是不能的，参照资料来证明一般肯定或否定的作用。也就是把观察实验和因果规定的方法等以证臆说的能不能说明想定的事实；或者把这臆说为大前提而演绎出来的结论，证其是不是适合于事物的一种确定或否定的作用。

立证以后的臆说，叫做科学的法则（Scientifea Law）或叫做定理，又说是把演绎推理法底大前提解释说明事物的原理。

如已认得事物相互间有因果的齐一性，却不能说这理由的，叫做经验的法则（Emprical Law）。

例如，铜和锡的合金，能发浏亮的声音的，这是什么理由，却不能说明了；又如有角之兽，大家都知道是反刍的，却亦不能知其所以然了。

第三节　演绎法

演绎法不但是用于立证臆说的，如上所述，也有独立地发见新知识底方法的价值的。我们也有起初不根据于事实而先立一定的假定，当做一个法则看的。用了这个法则，去支配事实，经过观察实验等等手续，后来再反证这个假定的错不错实在也不少。

如数学上发见新定理，实在是根据于这个演绎法的。如从公理或定义出发，演绎地导出新定理的，叫做纯粹的演绎的科学。

演绎法底过程，可分列如下：

（1）资料（Data）。资料是事实和现象。这资料，为演绎推理法底小前提。

（2）原理（Principle）。是既得的真理，就是所谓定义、定理、法则，等等。在演绎推理法上，是当做大前提的，也就是解释事实的原理。

（3）推理（Inference）。演绎的推理，是定原理和事实，在怎样的关系而存在着的。就是从演绎推理法而定立结论的一种推理。

（4）立证（Verification）。这是前节已经讲过，检查结论的正否的。

以上的历程，解释数学的问题时应用着的，说明如下：

（1）材料●——所给与的问题；（2）原

●　当为"资料"。——编者注

理——就是解释问题的原理，如定理、定义，等等；（3）推理——作式运算而求答；（4）立证——检误。

第四节　试验论理

试验论理，是一种新创的科学方法，善于解决疑难问题，也叫做利器主义，试验论理的善于解决疑难问题，一在于分析思考的过程，即是在于构通所观察或记忆的特殊事实，和概括而普及的普通公例，获得精密正确的效果。一在于判断结论时反复试验，辩论推勘，免除不审慎的臆断。

思考的历程已如前述，有疑难、疑难何属、设臆、推证、证实五阶段。这五段中，疑难和疑难何属，是繁复凌乱的事实，足以令人致疑，促进考求其困难所在；因难既得，那末才有设臆，去设法解决这困难，而推考证实，就是把它去推究这臆说的意义，并证其是否和事实相符合。从疑难到设臆，推显至隐，就是从事实而到公例；推证、证实，是本隐到显，从公例再到事实。前者叫做归纳，后者叫做演绎，把归纳演绎二者，相依相助，成功一种思考作用。列表如下：

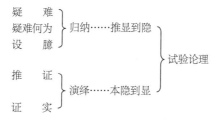

　　试验论理上的判断，较归纳推理为审慎，常常对于一事物，使它发生疑问，详加辨论，那一方适当，那一方不适当，使这内容明白无遗，而后可以为推勘的资料。推勘就是（1）确定事实中紧要的资料；（2）推衍这资料所暗示的意义。经过这作用后，本来混杂莫辨的，才得下无个人成见、个人好恶的结论了。

Chapter
第四章

04

统整法

第四章 统整法 ‖

第一节 统整法底意义

把既得的知识系统地组织起来的方法叫做 统 整 法（Method of Systematization）。已如前章所讲，新知识是从归纳法、演绎法和试验论理而发见的，从这所得的结果的新判断，能使概念愈加明了，可知一切的知识，都是从概念和判断的形式而固定的，所以组织知识的方法，可以区分如下：

（1）明了地规定概念底内容（定义）；（2）明了地规定概念底外延（分类）；（3）决定新得的判断底真伪（论证）。

第二节 定 义

正确地规定或组织一概念底内包和它概念明白地区别起来叫做定义（Definition）。定义常取判断的形式。

下定义的时候，必须经过下列的手续：（1）定义的概念必须求上级的类概念；（2）要明白区别定义的概念和同位概念，当表明该概念底特有的属性（种差）。

例如：三角形（要定义底概念）是三根直线所围绕（种差）而成的平面形（上一级类概念）。

定一定义，是不是完全，须要检查（1）用种差的形式而表示的概念，是不是唯一的概念;（2）和其它同位概念底特质，有没有交叉;

（3）类概念是不是上级的概念。

下定义时，须要守下列几个规则：

（1）定义必定要表示被定义底主要属性。

（2）被定义的概念和定义底范围须不广不狭地同范围的。如定三角形的定义为："有三等边的直线形"过于猛狭；如定四方形的定义为："各边相等的平行四边形"过于广泛。都是不妥当的。

（3）定义中不可含有被定义的概念和同意义的概念。犯这规则者叫做循环定义（A Circle in Definition），如"动物者能动的有机体也""中国人者中国底国民也"。

（4）定义不可用重语命题（Tautology），如"推理是推理的思考作用"。

（5）定义不可用暧昧多义语；不可用比喻。如"人为万物之灵""下肢者犹车之有两轮也"。

（6）定义须用肯定不可用否定。否定是消极的，不能积极地明白概念底内包。如"人者不是四足动物"。

第三节　分　类

把概念底外延从一定的原理分析起来，再系统地枚举排列作成一个体系叫做分类（Classification）。又从一定的原理，单把一概念底外延秩序的排列起来叫做分释（Division）。

分释和分类，虽时时有混同的倾向，严密地说起来，分释是把类概念分于种概念；分类是重重分释，把概念底外延组成一个完全的系统。

把某类概念分为种概念时，有一定的属性为其标准，这标准叫做分释底基础原理（Principle of the Foundation of Division）；种概念叫做分释肢。

因为这原理的不同，虽同一的类概念，得为种种的分释肢，例如可把（1）皮肤色泽，（2）居住地，（3）文野之度等为基准而分析为:（1）黄色人种、白色人种、黑色人种等，（2）东洋人、西洋人等，（3）文明人、野蛮人等。

分释基准底原理:（1）或为事物底本质的属性，（2）或为事物底偶有的属性，可分为（1）科学的分类（自然的）和（2）人工的分类。

（1）科学的分类。这个分类原理，基于概念底本质的属性的，就是被分出的种概念，自然应居于该类概念底下位者。例如：

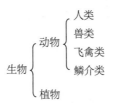

（2）人工的分类。这个分类原理，因为我们有种种目的，才据该概念底偶有属性为标准。例如，书籍的分类为：

（1）书籍 { 洋装书 本装书   （2）书籍 { 本版 铅版 石印   （3）书籍 { 某年出版 某年出版

分类的规则如下：

（1）分类必定要用分释肢中共通的本质底属性的差异标准，如分人种为黄色、黑色、白色之类。

（2）一度选择的分释基准原理，从头至尾不得变更。

（3）分释肢要互相拒斥不得交叉。

（4）分释肢底总和同被分释的类概念，范围非相等不可。

（5）分释要渐进的，就是要从最上位的类概念渐推至最下位的种概念，不是这样，将不免疏漏杂沓的弊病。

汇类和分类不同的地方，分类是把分释肢的特异性为基础的；汇类是把分释肢的类似性为基础的，所以二者方向相反。汇类底结果生类概念，分类底结果生种概念。

汇类分类，把定义为媒介互相表里的。就是注意于定义底种差，得分释肢的属性；注意于类概念，得着汇类。

第四节　论　证

从已知的正确判断，来证明别个判断的有没有正确，叫做论证（Proof）。

凡作论证必定有三要素：

（1）主题。就是被证明的判断。

（2）论据。如定理、公理、成例等，凡用以证明主题的皆是。

（3）论证的形式。如直接推理、间接推理的二种就是。

用于论证底证据，是足以论证既知的法则、公理、定理的事实，所以先要对于论证是不是正确妥当，非审慎吟味不可。

第四章　统整法 ‖

　　当论证的时候,把普偏❶的真理为证据的,就是演绎的论证;把特殊的事实为论据的,就是归纳推理的论证;把类似的事实为根据的,就是类比的论证。不过论证底形式,却只有二种:一为直接论证;一为间接论证。

　　(1)直接论证(Direct Proof)。就是对于主题,直接地确证其真伪的;把充足的理由律为其基本原理。

　　(2)间接论证(Indirect Proof)。就是先假说主题的非真理,次证明这假说的伪,以后才确定这主题的真。

　　论证时有不可不守的规则数种:

　　(1)论证的范围必明确。论证的范围不明,其弊或失之过广过狭,或遗忘其必须之

---

❶　应为"普遍"。——编者注

点增加其不必须之点，而生论旨相违的误谬。

（2）论证的前提必确实。如前提的材料，取资者非公理。那末有没有确实，尚得辗转证明，于目前的论证，毫无益处。

（3）被论证的理由，不可夹入前提中。前提本为证明断案而设，如若它的理由，前后倚仗，那末生循环论证的误谬，不可以为论证。

（4）假定的判断，必定要和原判断不两立。在间接论证中，假定的判断，必立于原判断矛盾或反对的地位，两者绝不能共立。不是这样，假定判断的非真，虽经证明，而原判断的非伪，仍不能确凿，不能得正确的论证。

附　录

编此书时底主要参考书

1. Jevons:Lessons in Logic

2. Mill:A System of Logic

3. Dewey:How We Think

4. Dewey:Experimental Logic

5. 须藤新吉《论理学概论》

6. 入泽宗寿《新制论理学》

7. 速水滉《论理学》

8. 张至和《新论理学》

9. 屠孝实《名学纲要》

10. 王炽昌《论理学》

编后记

本书是中国现代著名教育家朱兆萃先生的一本专著。论理学，即今天人们所称的逻辑学，本书的作者在民国时期将西方的现代逻辑学知识和方法引入中国，对逻辑学的基本知识和方法，包括概念、判断、推理、方法论等都展开了比较详细的探讨，语言通俗易懂，论证深入浅出，观点独到鲜明，对于了解和研究西方现代逻辑学的被引入中国具有积极的参考价值。

本社此次以上海世界书局 1929 年出版的《论理学 ABC》为底本进行整理再版。在整理过程中，首先，将底本的繁体竖排版式

编后记 ‖

转换为简体横排版式，并对原书的体例和层次稍作调整，以适合今人阅读。其次，在语言文字方面，基本尊重底本原貌等。与今天的现代汉语相比较，这些词汇有的是词中两个字前后颠倒，有的是个别用字与当今有异，无论是何种情况，它们总体上都属于民国时期文言向现代白话过渡过程中的一种语言现象，为民国图书整体特点之一。对于此类问题，均以尊重原稿、保持原貌、不予修改的原则进行处理。再次，在标点符号方面，民国时期的标点符号的用法与今天现代汉语标点符号规则有一定的差异，并且这种差异在一定程度上不适宜今天的读者阅读，因此以尊重原稿为主，并依据现代汉语语法规则进行适度的修改，特别是对于顿号和书名号的使用，均加以注意，稍作修改和调整，以便于读者阅读和理解。最后，对于原书在内容和知识性上存在的一些错误，此次整理均以"编者注"的形式进行了修正或解释，最大可能地消除读者的困惑。

文 茜

2016 年 11 月